OVYS par la grace de Dieu, Roy de France & de Nauarre; A tous ceux qui ces presentes Lettres verront; Salut. Par nostre Edict du mois de Fevrier 1633. registré où besoin a esté, nous auons, pour les cõsiderations y cõtenuës, entr'autres choses dispésé & deschargé les Officiers de Police, establis en l'Hostel de nostre bonne Ville de Paris, de la rigueur & suiectiõ à laquelle ils estoiét abstraints, d'aller en personnes resigner leurs Offices audit Hostel de nostredite Ville de Paris, laquelle ayãt esté par vne longue suite d'années, grandement accreuë & augmentée, tant en edifices & bastimens publics, qu'en nombre de personnes, auõs en cette consideration, accreu & augmenté à ladite proportion, le nombre des Officiers de Police dudit Hostel de Ville, créez & érigez par nostredit Edict à l'instar des anciens, afin que le public puisse estre plus promptement & commodément seruy, & pourueu de tout ce qui luy est necessaire pour sa subsistance : ausquels Officiers anciens & nouueaux , aurions par iceluy Edict attribué le parisis de tous les droicts, émolumens & salaires dont jouïssoiét lesdits anciens

A ij

Officiers. En la perception duquel parifis , ayás
efté bien informez par les diuerfes plaintes qui
nous en ont efté faites, que la plufpart d'iceux
Officiers de Police , commettroient plufieurs
exactions fur le public, fous pretexte de ce que
ladite augmentation du parifis n'eft liquidée à
vn pied certain & arrefté, qui puiffe eftre bié re-
cognëu par les Bourgeois, leurs domeftiques &
autres, qui font les prouifions de leurs familles.
Et auffi que les iurez Vendeurs, Prifeurs, Poi-
feurs & Compteurs de la marchádife de Foing
en noftredite Ville , exigeoient des Marchands
dudit Foing beaucoup plus qu'il ne leur eftoit
attribué, Nous aurions cy-deuant fait expedier
nos Lettres de Commiffion pour la recherche
defdites exactions & reftitutió des deniers par
lefdits Officiers induëmét pris & perceus. Mais
ayans depuis confideré que lefdites recherches
apporteroient des gráds troubles & incommo-
ditez à diuerfes familles defditsOfficiers, & peu
d'vtilité au public, nousauons eftimé eftre plus
à propos de reuoquer ladite Commiffion , &
defcharger iceux Officiers de ladite recherche,
& de toutes recherches &reftitutions efquelles
ils pourroient eftre tenus pour ce fuiet; regler &
arrefter leurs droicts & falaires à vn pied certain, qui ne puiffe plus eftre excedé à l'aduenir
par lefdits Officiers , & attribuer à iceux quelques modiques augmentations de leurfdits
droicts, proportionné à leur labeur & au feruice
qu'ils font obligez de rendre au public, confideré mefmes que les droicts cy-deuant attribuez

DECLARATION DV ROY,

PORTANT REGLEMENT DES

droicts & sallaires que doiuent prendre à l'aduenir les Iurez Mousleurs, Compteurs, Cordeurs, & Visiteurs de Bois, les Chargeurs de Bois en Charettes, Mesureurs & Porteurs de Charbons, Courtiers de Vins, & Iurez de la marchandise de Foing de la Ville de Paris.

Veriffiée en la Cour des Aydes le 8. Iuillet 1638.

Et registrée en l'Hostel de ladite Ville, le 2. Mars 1639.

A PARIS,

Par PIERRE ROCOLET, A. ESTIENE,
S. CRAMOISY, & S. CHAPPELET,
Imprimeurs ordinaires du Roy.

Au Palais, en la Gallerie des Prisonniers, aux Armes du Roy, & de la Ville.

M. DC. XXXIX.

Auec Priuilege de sa Majesté.

(2)

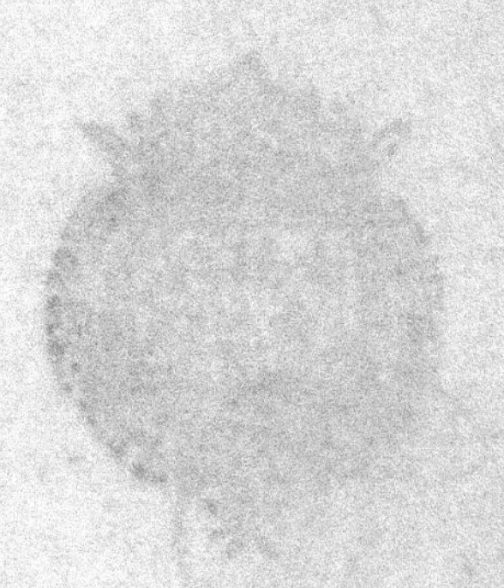

aufdits Officiers, font fort modiques, eu efgard
au temps prefent, auquel toutes fortes de den-
rées, marchandifes, & autres chofes neceffaires
pour l'entretien de la focieté ciuile, font beaucoup augmentées de leur ancien prix & valeur;
& au furplus, les confirmer en la iouiffance de
leurfdits droicts, émolumens & falaires, tant anciens que nouueaux De l'execution duquel reglement & confirmation (tres-iufte & neceffai-
re au public) ainfi que nous auons efté plainement informez, nous pouuós retirer defditsOfficiers quelques fommes de deniers, pour em-
ployer aux frais de la guerre & autres vrgentes
neceffitez de cét Eftat: A CES CAVSES,
Sçauoir faifons, Qu'apres auoir fait mettre cette affaire en deliberation en noftre Confeil, où
eftoiét aucuns Princes, Officiers de la Couron-
ne, & autres grands & notables Perfonnages:
De leurs Aduis, & de noftre certaine fcience,
plaine puiffance & authorité Royale, N o v s
auons par ces prefentes, fignées de noftre main,
reuoqué & reuoquons nos Lettres de Commiffion cy deuant expediées pour la recherche
des deniers induëment pris & perceus, outre
& par deffus les droicts, émolumens & falaires qui ont efté attribuez aufdits Officiers, lefquels nous auons defchargé & defchar-
geons de toutes reftitutions efquelles ils pourroient eftre tenus pour ce regard : Lefquels
droicts, émolumens & falaires, nous auons reglé, limite & liquidé, reglons, limitons & liqui-
dons ainfi qu'il enfuit: c'eft à fçauoir; Ceux des

Iurez Mouſſeurs , Côpteurs, Cordeurs & Viſiteurs de Bois de noſtre-dite Ville,à ſix ſols pour
chacune voye de bois de corde : trois ſols auſſi
pour voye,compoſée de deux cens de cotterets
ou fagots : & pareils ſix ſols pour chaque voye
de bois de mouſle & de trauerſe,qui arriueront
tant par eau que par terre en noſtre-dite Ville
de Paris,Faux-bourgs & banlieuë d'icelle,& où
le Fermier de la buſche prend ſon droict : deſquels droicts & ſalaires leſdits Officiers ſeront
payez en la forme & maniere accoûtumée;ſça-
uoir , des bois de corde, mouſle & trauerſe, par
les Vendeurs & Achepteurs également par
moitié , & des cotterets & fagots , par le Vendeur ſeul ,pour ce qu'il vendra en charette , à la
bardée, à la piece, ou autrement,dont il luy ſera
loiſible de recouurer moitié ſur l'Achepteur.
Les droicts des Iurez Chargeurs de bois en
charette , à quatre ſols pour voye de toutes ſortes de bois , dont ils ſeront payez par l'Achepteur de ladite voye de bois, qui ſera chargée
& conduite en charette , ou portée à col
par gaigne deniers , aux Ports où leſdits
Chargeurs ſont eſtablis : Leſquels Chargeurs
demeureront dans leurs limites diſtinctement,
ſans pouuoir changer d'icelles , ny s'vnir & en-
treprendre les vns ſur les autres,ſelon l'ordre &
regles de leurs eſtabliſſemens & reg'emens.Les
droicts des Iurez Meſureurs de Charbon de
bois & de terre entrans en noſtre-dite Ville de
Paris & Faux-bourgs d'icelle, à douze deniers

pour le mesurage de chacun minot desdits
Charbons de bois & de terre arriuans, & qui seront vêdus & liurez en nostrédite Ville & Faux-
bourgs de Paris, en bateaux, charettes, sur cheuaux ou autremét: lesdits douze deniers payables moitié par le Vendeur, & l'autre moitié par
l'Achepteur: outre lequel droict, iouïront lesdits Mesureurs de la sachée, contenant trois minots de Charbon de bois pour leur chaufage,
ensemble des vingt sols parisis pour le droict de
gros qui leur ont esté de tout temps baillez &
payez par les Marchands pour chacun bateau:
& pourront iceux Mesureurs proceder par sai-
sies & arrests des Charbons qui auront esté
vendus en gros, sans auoir esté par eux mesurez
en la maniere accoûtumée, conformément aux
Reglemens dudit Hostel de Ville, confirmez
par Arrest de nostre Cour de Parlement du dix-
huitiéme Aoust, mil six cens trente-cinq, qui
seront gardez & obseruez enuers & côtre tous.
Les droicts des Iurez Porteurs desdits Charbons, à six sols pour le portage à col, par eux ou
leurs plumets, de chacune voye composée de
deux minots de charbon de bois, tant prés que
loin des Ports & Places: cinq deniers pour pareil portage de chacun demy minot dudit charbon de terre, depuis les bateaux iusques au bord
de terre, ou desdits bateaux en autres; & dix-
huit deniers pour mesme portage à col, des bateaux audit bord de terre, de chaque minot de
charbon de bois enleué indifferemment par
toutes sortes de personnes: le tout payable par

ceux pour lefquels feront faits lefdits portages.
Les droicts des Iurez Courtiers de Vins de noftre-dite Ville , à l'inftar de ceux d'Orleans,
Amiens, Roüen & Bourdeaux, à cinq fols pour
tout droict de courtage de chacun muid ou demie queuë de Vin, Verjus, Vin gafté & Cidres,
qui feront vendus en gros, tant aux Ports, bateaux, & places publiques, qu'és courts, caues,
folles, celliers , & autres lieux particuliers de
noftre-dite Ville & Faux-bourgs de Paris , foit
que lefdits Courtiers foient appellez ou non à
la vente defdits Vins & liqueurs: defquels cinq
fols ils feront payez par tous Marchands priuilegiez & non priuilegiez, & autres Vendeurs
en gros efdits lieux publics & particuliers : Fai-
fant tres-expreffes inhibitiõs & defenfes à tous
Tonneliers, Defchargeurs de Vins, & autres
perfonnes, d'affifter ny conduire les Vendeurs
& Achepteurs defdits Vins & liqueurs, en aucuns des fufdits lieux, piquer, goufter, bailler à
goufter, faire achepter, ny s'entremettre aux
ventes & achapts d'iceux Vins & liqueurs, foit
deuant ou apres lefdites ventes & achapts, ny
en l'exercice & fonction defdits Courtiers , en
quelque forte que ce foit, à peine de cinq cens
liures d'amende enuers eux , & de banniffemét
defdits lieux. A tous Marchands Forains & autres, de faire aucune vente de Vin qu'à l'heure
ordinaire de la vente , conformément aux Ordonnances & Reglemens fur ce faits, & de celer, cacher, ny latiter par lefdits Marchands, les
Vins & liqueurs qu'ils voudront vendre en
gros,

gros,ains en donner aduis auſdits Courtiers en
leur Bureau, & leur declarer au vray le nombre
qu'ils en aurõt vendu, ſur meſme peine de cinq
cens liures d'amende auſſi enuers eux , & de
confiſcation d'iceux Vins & liqueurs : Lequel
droict de cinq ſols pour muid ou demie queuë
de Vin & liqueurs ſuſdits , nous voulons leur
eſtre payez incontinent apres que leſdites ventes ſerõt faites : enſemble des Vins que les Hoſteliers & Cabaretiers priuilegiez & non priuilegiez, acheptent aux champs pour debiter en
detail, tout ainſi que s'ils les auoient acheptez
ſur leſdits Ports & Places : Et à cét effet , tous
leſdits Marchands en gros, Hoſteliers & Cabaretiers priuilegiez & non priuilegierz, baillerõt
declaratiõ audit Bureau, ſignée d'eux ou de leurs
principaux ſeruiteurs, des Vins qui leur arriueront, dont leſdits Courtiers tiendront regiſtres,
les extraicts deſquels ſeront executoires contre
leſdits Marchands en gros, Hoſteliers & Cabaretiers. Les droicts des Iurez Vendeurs, Priſeurs, Poiſeurs & Compteurs de Foing de noſtredite Ville, auſquels nous attribuons par ces
preſentes la qualité de Controlleurs de ladite
marchandiſe de Foing , à ſix ſols pour chacun
cent dudit Foing , dont ils ſeront payez par les
Marchands Vendeurs, auſquels il ſera loiſible
de ſe faire rembourſer de moitié par les Achepteurs. De tous leſquels ſuſdits droicts , émolumens & ſalaires, nous voulons que leſdits Officiers de Police iouïſſent, & iceux entant que
beſoin eſt ou ſeroit,leur auons attribué & attri-

buons par cefdites preſé.es, meſmes iceux vnis
& incorporez, vniſſons & incorporons à leurſ-
dites charges, ſans qu'à l'aduenir ils en puiſſent
eſtre depoſſedez pour quelque cauſe & occaſiõ
que ce ſoit; Et ſans auſſi que leſdits Officiers
puiſſent prendre ny exiger plus grands droicts,
émolumẽs & ſalaires que ceux cy deſſus reglez
& attribuez, ſous pretexte des taxes qui pourroient auoir eſté faites ſur eux, ſoit par Arreſts,
Iugemens, ou autres Reglemens, leſquels nous
auons renoquez & renoquons pour ce régard;
Ny que leſdits Officiers puiſſent eſtre cy-apres
taxez à plus grandes ſommes que celles qu'ils
payent à preſent aux Preuoſt des Marchands &
Eſcheuins de noſtredite Ville de Paris, pour la
diſpenſe qu'ils ont obtenuë de nous ſur le ſuiet
des reſignations de leurſdits Offices. Le tout à la
charge de payer par chacun deſdits Officiers,
les ſommes auſquelles ils ſeront pour ce moderément taxez en noſtredit Conſeil, dans les termes qui leur ſerõt prefix, & iuſques audit payement, ils ne pourront iouïr deſdits droicts, émolumens & ſalaires cy deſſus ſpecifiez, qui ſerõt
pris & perceus par les Porteurs des quittances
de finance deſdites taxes, ſur leurs ſimples rece-
piſez: Comme auſſi à faute de ſatisfaire par
leſdits Officiers dans ledit temps prefix, & iceluy paſſé, ſeront contraints à la reſtitution de ce
qu'ils ont exigé au pardeſſus les droicts a eux
attribuez: Et ſera permis à toutes ſortes de per-
ſonnes de leuer leſdites taxes, & iouïr deſdits
droicts: & en ce faiſant, pourront rebourſer leſ-

dits Officiers des finãces qu'ils iustifieront auoir
esté payées en nos parties Casuelles pour la
compesition d'iceux, frais & loyaux couts.

SI DONNONS EN MANDEMENT à
nos amez & feaux Conseillers, les Gens de nostre Cour des Aydes, Preuost de Paris, ou son
Lieutenant, Preuost des Marchands & Escheuins de ladite Ville, Que ces presentes ils fa-
cent lire, publier & registrer, & le contenu en
icelles garder & obseruer, sans souffrir ny per-
mettre qu'il y soit contreuenu en aucune sorte
& maniere que ce soit: faisãs iouïr lesdits Officiers des susdits droicts, plainement & paisible-
ment, nonobstant quelconques Edicts, Decla-
rations, Ordonnances, Statuts, Priuileges, Arrests & Reglemens à ce contraires, ausquels &
à la derogatoire des derogatoires y contenuës,
nous auons derogé & derogeons par cesdites
presentes, nonobstant aussi oppositions ou appellations quelconques, pour lesquelles & sans
preiudice d'icelles, ne voulons estre differé : &
desquelles, si aucunes interuiennent, nous nous
sommes reseruez & reseruons la cognoissance
en nostre Conseil d'Estat, icelle interdite & def-
fenduë, interdisons & deffendons à toutes nos
Cours & Iuges. Et dautant que de cesdites presentes on pourra auoir besoin en diuers lieux,
voulons qu'aux copies collationnées par l'vn
de nos amez & feaux Conseillers & Secretai-
res, foy soit adioustée comme à l'original ; auquel afin que ce soit chose ferme & stable à toû-
jours, nous auons fait mettre nostre scel, sauf

en autres choſes noſtre droiƈt, & l'antruy en
toutes. Donné à Madril au mois d'Aouſt, l'an
de grace mil ſix cens trente-ſept, & de noſtre regne le vingt-huiƈiéme. Signé, LOVYS, &
plus bas, Par le Roy, DE LOMENIE, à
coſté viſa, & ſcellées du grand Seau de cire
jaulne.

*Regiſtré en la Cour des Aydes, ouy le Procu-
reur general du Roy, pour eſtre executées ſelon leur
forme & teneur, ſuiuant & aux charges portées par
l'Arreſt d'icelle du iourd'huy, & deffences y contenües. A Paris le huiƈiéme iour de Iuillet mil ſix cens
trente huiƈ. Signé, BOVCHER.*

*Regiſtré au Greffe de la Ville, ouy & ce conſen-
tant le Procureur du Roy & d'icelle, pour eſtre executées ſelon leur forme & teneur, aux charges contenües en l'acte de ce iourd'huy deuxiéme iour de
Mars mil ſix cens trẽte neuf. Signé, LE MAIRE.*

Extraiƈt des Regiſtres du Conſeil
d'Eſtat.

SVR ce qui a eſté repreſenté au Roy
en ſon Conſeil, qu'ayant par ſes Lettres de Declaration du mois d'Aouſt
dernier, pour les conſiderations y contenuës,
reuoqué la Commiſſion cy-deuant expediée
pour la recherche des deniers induëment pris
& perceus par diuers Officiers de police de la
Ville de Paris; outre & par deſſus les droiƈts,

émolumens & falaires à eux attribuez, & iceux
defchargez de toutes reftitutions aufquelles ils
pourroient eftre tenus pour ce regard : fa Maiefté auroit reglé & liquidé à vn pied certain les
droicts, émolumens & falaires qui doiuêt eftre
payez à l'aduenir à chacun defdits Officiers de
police, felon & ainfi qu'il eft plus particuliere-
ment contenu par lefdites Lettres de Declaration : lefquelles ayans efté representées en fa
Cour des Aydes de Paris, pour y eftre regi-
ftrées, au lieu de proceder par ladite Cour audit regiftrement, elle auroit ordonné par fon
Arreft du vingt-quatriéme Nouembre dernier,
que ladite Declaration feroit communiquée
aux Preuoft des Marchands & Efcheuins de ladite Ville de Paris, pour ce faict & communiquée au Procureur general de fa Maifté en ladite Cour, eftre par elle ordonné ce que de raifon.
Et bien qu'en confequence dudit Arreft lefdites
Lettres de Declaration ayét efté mifes és mains
dudit Preuoft des Marchands & Efcheuins de
ladite Ville de Paris cinq mois y a: Neãtmoins
quelques pourfuittes & requifitiõs qui leur en
ayent efté faites, ils n'ont iufques à prefét fatis-
fait audit arreft, Ce qui apporte vn grãd preiudice & retardement aux affaires de fa Maiefté,
laquelle a deftiné les deniers qui doiuent prouenir de l'execution defdites Lettres de Declaration pour les defpenfes preflées de la guerre :
A quoy eftant befoin de pouruoir ; LE ROY
EN SON CONSEIL, fans s'arrefter à
l'Arreft de la Cour des Aydes du vingt-quatrié-

me Nouembre dernier , & aux cauſes notifiées
d'iceluy, & ſans attendre ſur ce aucun aduis, ny
reſponſe deſdits Preuoſt des Marchands & Eſcheuins de ladite Ville de Paris, auſquels ſa Ma-
ieſté enioint de remettre és mains de ſon Procureur general en ladite Cour des Aydes de Paris, leſdites Lettres de Declaration du mois
d'Aouſt dernier ; A ordonné & ordonne qu'il
ſera procedé par ladite Cour des Aydes de Paris, à l'enregiſtrement pur & ſimple deſdites
Lettres de Declaration , nonobſtant toutes oppoſitions faites ou à faire, deſquelles ſadite Ma-
ieſté s'eſt d'abondant reſerué a cognoiſſance à
ſoy & à ſon Conſeil d'Eſtat ; & qu'à cét effet
toutes Lettres de Iuſſion pour ce neceſſaires en
ſeront expediées : Enioignant en outre à ſondit
Procureur en ladite Cour des Aydes d'en faire
les pourſuites neceſſaires, & en certifier le Cô-
ſeil dans huitaine. Fait au Conſeil d'Eſtat du
Roy, tenu à Paris le troiſiéme iour de Mars mil
ſix cens trente huit. Signé, BORDIER.

IVSSION.

LOVYS par la grace de Dieu,
Roy de France & de Nauuarre; A
nos amez & feaux Conſeillers les
gens tenant noſtre Cour des Aydes à Paris: Salut. Suiuant l'Arreſt,
dont extraict eſt cy attaché ſous le contre-ſcel
de noſtre Chancellerie, donné en noſtre Conſeil d'Eſtat le troiſiéme iour de Mars dernier ;

Nous vous mandons & ordonnons par ces presentes, signées de nostre main, de proceder à
l'enregistrement pur & simple de nos Lettres
de Declaration du mois d'Aoust dernier, portât
reglement des droicts, émolumens & salaires
qui doiuent estre payez à l'aduenir à chacun des
Officiers de police, nonobstant vostre Arrest
du vingt-quatriéme Nouembre dernier, les
causes motiues d'iceluy, & sans attendre sur ce
aucun aduis ny responce desdits Preuost des
Marchands & Escheuins de Paris, ausquels
nous enjoignons de remettre és mains de nostre Procureur general en nostre-dite Cour lesdites Lettres de Declaration, nonobstant aussi
toutes oppositions faites ou à faire, desquelles
nous nous reseruons d'abondant la cognoissance, & à nostre Conseil; Enjoignons audit Procureur general d'en faire les poursuittes neces-
saires, & en certifier nostre Conseil dans huitaine; Car tel est nostre plaisir. Donné à S. Ger-
main en Laye le vingt-quatriéme iour d'Auril,
l'an de grace mil six cens trente huit, & de nostre regne le vingt-huitiéme. Signé, L O V Y S.
Et plus bas, Par le Roy, D E L O M E N I E.
Et scellé du grand sceau de cire iaune, auec le
contre-scel.

*Registrez en la Cour des Aydes, ouy le Procu-
reur general du Roy, pour estre executées selon leur
forme & teneur, suiuant & aux charges portées
par l'Arrest d'icelle du iourd'huy, & deffences y
contenües. A Paris le huitiéme iour de Iuillet mil
six cens trente-huit. Signé,* B O V C H E R.

Regiſtrez au Greffe de la Ville, ouy & ce conſentant le Procureur du Roi & d'icelle, pour eſtre executées ſelon leur forme & teneur, aux charges contenuës en l'Acte de ce iourd'huy deuxiéme iour de Mars mil ſix cens trente-neuf.

Signé,   LE MAIRE.

Extraict des Regiſtres de la Cour des Aydes.

E v par la Cour les Lettres patentes du Roy en forme de Declaration, données à Madril au mois d'Aouſt mil ſix cens trente-ſept. Signées, L O V Y S. Et plus bas, Par le Roy, DE LO-MENIE, ſcellées ſur double queuë du grand ſeau de cire jaune, à la Cour adreſſantes, pour y eſtre verifiées. Par leſquelles, & pour les cauſes & conſiderations y contenuës, ſa Majeſté a reuoqué ſes Lettres de commiſſion cy deuant expediées pour la recherche des deniers induëment pris & perceus par les Officiers de police, eſtablis en l'Hoſtel de cette Ville de Paris, outre & par deſſus les droicts & émolumés à eux attribuez, & les deſcharge de toutes reſtitutions eſquelles ils pourroiét eſtre tenüs pour ce regard ; leſquels droicts, émolumens & ſallaires, ſadite Majeſté auroit reiglé & liquidé ainſi qu'il enſuit : S ç A V O I R, ceux des Iurez

Mou-

Moufleurs, Compteurs, Cordeurs, & Vifiteurs de bois, à fix fols pour chacune voye de bois de corde, trois fols auffi pour voye, compofée de deux cens de cotterets ou fagots, & pareils fix fols pour chaque voye de bois de mouffe & de trauerfe qui arriueroient, tant par eau que par terre en ladite Ville de Paris, Faux-bourgs & banlieuë d'icelle, & où le Fermier de la bufche prend fon droict, defquels droicts & falaires lefdits Officiers feront payez en la forme & maniere accoûtumée. Sçauoir des bois de corde, mouffe & trauerfe, par les védeurs & achepteurs également par moitié, & des cotterets & fagots par le vendeur feul pour ce qu'il en vendra en charette, à la bardée, à la piece ou autrement, dôt il luy fera loifible de recouurer moitié fur l'achepteur. Les droicts des Iurez Chargeurs de bois en charette à quatre fols pour voye de toutes fortes de bois, dont ils feront payez par l'achepteur de ladite voye de bois, qui fera chargée & côduite en charette ou portée à col par Gaigne-deniers aux ports où lefdits Chargeurs font eftablis, lefquels Chargeurs demeureront dans leurs limites diftinctement, fans pouuoir changer d'icelles, ny s'vnir & entre prédre les vns fur les autres, felon l'ordre & regles de leurs eftabliffemens, & reglemens. Les droicts des Iurez Mefureurs de charbons de bois & de terre entrans en ladite Ville de Paris & Faux-bourgs d'icelle, à douze deniers pour le mefurage de chacun minot defdits charbons de bois & de terre arriuans, &

C

qui feront vendus & iurez en ladite Ville &
Faux-bourgs de Paris, en bateaux, charettes, fur
cheuaux ou autrement, lefdits douze deniers
payables moitié par le vendeur, & l'autre moitié par l'achepteur : Outre lequel droict, ioüi-
ront lefdits Mefureurs de la fachée, contenant
trois minots de charbon de bois pour leur
chaufage , enfemble des vingt fols parifis pour
le droict de gros qui leur ont efté de tout
temps baillez & payez par les Marchands
pour chacun bateau. Et pourront iceux Mefureurs proceder par faifies & arrefts des charbós
qui auront efté vendus en gros fans auoir efté
par eux mefurez en la maniere accoûtumée,
conformément aux Reglemens dudit Hoftel de
Ville, confirmez par Arreft de la Cour de Parlement du dix-huitiéme Aouft mil fix cens tré-
te-cinq, qui feront gardez & obferuez enuers
& contre tous. Les droicts des Iurez Porteurs
defdits charbons à fix fols pour le portage à col
par eux ou leurs plumets de chacune voye, có-
pofée de deux minots de charbon de bois , tant
pres que loin des ports & places, cinq deniers
pour pareil portage de chacun demy minot dudit charbon de terre, depuis les bateaux iufques
au bord de terre , ou defdits bateaux en autres:
& dix-huit deniers pour mefme portage à col
des bateaux audit bord de terre de chacun minot de charbon de bois enleué indifferemment
par toutes fortes de perfonnes, le tout payable
par ceux pour lefquels feront faits lefdits portages. Les droicts des Iurez Courtiers de vins de

ladite Ville à l'inſtar de ceux d'Orleãs, Amiens,
Rouën , & Bourdeaux , à cinq ſols pour tout
droict de courtage de chacun muid ou demie
queuë de vin, verjus, vin gaſté & cidres, qui ſeront vendus en gros , tant aux ports , bateaux
& places publiques, qu'és courts, caues , ſolles,
ſceliers, & autres lieux particuliers de ladite
Ville & Faux-bourgs de Paris , ſoit que leſdits
Courtiers ſoient appellez ou non à la vente deſdits vins & liqueurs, deſquels cinq ſols ils ſerõt
payez par tous Marchands priuilegiez & non
priuilegiez , & autres vendeurs en gros eſdits
lieux publics & particuliers. FAISANT
tres-expreſſes inhibitions & defenſes à tous
Tonneliers, Deſchargeurs de vins & autres per-
ſonnes, d'aſſiſter ny conduire les vendeurs &
achepteurs deſdits vins & liqueurs en aucuns
des ſuſdits lieux , picquer , gouſter , bailler à
gouſter , faire achepter , ny s'entremettre aux
ventes & achapts d'iceux vins & liqueurs , ſoit
deuant ou apres leſdites ventes ou achapts, ny
en l'exercice & fonction deſdits Courtiers, en
quelque ſorte que ce ſoit, à peine de cinq cens
liures d'amende enuers eux , & banniſſement
deſdits lieux. A TOVS Marchands forains
& autres de faire aucunes ventes de vin qu'à
l'heure ordinaire de la vente , conformément
aux Ordonnances & Reglemens ſur ce faits: &
de celer, cacher, ny latiter par leſdits Marchãds
les vins & liqueurs qu'ils voudront vendre en
gros, ains en donner aduis auſdits Courtiers en
leur Bureau, & de leur declarer au vray le nom-

bre qu'ils en auront vendu ſur meſme peine de
cinq cens liures d'amende auſſi enuers eux, &
de confiſcation d'iceux vins & liqueurs. LE-
QVEL droict de cinq ſols pour muid ou demie queuë de vin & liqueurs ſuſdites, ſa Majeſté veut leur eſtre payez incontinét apres que
leſdites ventes ſeront faites, enſemble des vins
que les Hoſteliers & Cabaretiers priuilegiez &
non priuilegiez acheptét aux champs pour debiter en détail tout ainſi que s'ils les auoient
acheptez ſur les ports & places Et à cét effet
tous leſdits Marchands en gros, Hoſteliers &
Cabaretiers priuilegiez & non priuilegiez bail-
leront declaration audit Bureau, ſignée d'eux,
ou de leurs principaux ſeruiteurs, des vins qui
leur arriueront, dont leſdits Courtiers tiendrõt
regiſtres, les extraicts deſquels ſeront executoires contre leſdits Marchands en gros, Hoſteliers & Cabaretiers. Les droicts des Iurez Vendeurs, Priſeurs, Poiſeurs & Cõpteurs de Foing
de ladite Ville, auſquels ſadite Majeſté attribuë
la qualité de Controlleurs de ladite marchandiſe de Foing, à ſix ſols pour chacun cent dudit Foing, dont ils ſeront payez par les Marchands Vendeurs, auſquels il ſera loiſible de
ſe faire rembourſer de moitié par les Achepteurs. De tous leſquels ſuſdits droicts, émolumens & ſalaires, ſadite Majeſté veut que leſdits
Officiers de Police iouïſſét, & iceux, en tant que
beſoin eſt ou ſeroit, les leur attribuë, meſme
veut iceux eſtre vnis & incorporez à leurſdi-
tes charges, ſans qu'à l'aduenir ils en puiſſent

eſtre depoſſedez pour quelque cauſe & occa-
ſion que ce ſoit; Et ſans qu'iceux Officiers
puiſſent prendre ny exiger plus grands droicts,
émolumés & ſalaires que ceux cy-deſſus reglez
& attribuez, ſous pretexte des taxes qui pourroient auoir eſté faites ſur eux, ſoit par Arreſts,
Iugemens, ou autres Reglemens, leſquels ſadi-
dite Majeſté a reuoqué pour ce regard; Ny
que leſdits Officiers puiſſent eſtre cy-apres
taxez à plus grandes ſommes que celles qu'ils
payent à preſent aux Preuoſt des Marchands
& Eſcheuins de Paris, pour la diſpenſe qu'ils
ont obtenuë ſur le ſujet des reſignations de
leurs Offices. Le tout à la charge de payer
par chacun deſdits Officiers, les ſommes
auſquelles ils ſeront pour ce moderément
taxez au Conſeil, dans les termes qui leurs
ſeront prefix: Et iuſques audit payement, ils
ne pourront iouïr deſdits droicts, émolumens
& ſalaires cy-deſſus ſpecifiez, qui ſeront
pris & perceus par les Porteurs des quittances
de finance deſdites taxes, ſur leurs ſimples rece-
picez: Comme auſſi à faute de ſatisfaire par
leſdits Officiers dans ledit temps prefix, & iceluy paſſé, ſeront contraints à la reſtitution de ce
qu'ils ont exigé au pardeſſus les droicts a eux
attribuez: Et ſera permis à toutes ſortes de per-
ſonnes de leuer leſdites taxes, & iouïr deſdits
droicts: & en ce faiſant, pourront rébourſer leſdits Officiers des finâces qu'ils iuſtifieront auoir
eſté payées aux parties Caſuelles pour la cōpo-
tion d'iceux, frais & loyaux couſts: le tout ainſi

que plus au long le contiennent lefdites Lettres. VEV les actes d'oppofitions formées à la
verification defdites Lettres par les Iurez Porteurs de charbon de ladite Ville, & les vingt-
cinq Chargeurs de bois du port de l'Escolle,
des deux & vingt-troifiéme Octobre dernier.
Les caufes & moyens defdites oppofitions: Les
côfentemens des Iurez Moufleurs & Cordeurs
de bois, Iurez Chargeurs de bois, Iurez Mefureurs & Vifiteurs de charbon de bois & de terre, & Iurez Courtiers de vins à Paris : enfemble diuers Reglemens concernans les droicts
defdits Officiers: Conclufions du Procureur
general, Arreft de ladite Cour du vingt-quatriéme Nouembre mil fix cens trente-fept, par
lequel, auant que proceder à ladite verificatiô,
& ayant efgard aufdites Conclufiôs dudit Procureur general, auroit efté ordonné que ladite
Declaration, & lefdites oppofitions feroient
communiquées aux Preuoft des Marchands &
Efcheuins de Paris, pour ce faict communiqué
audit Procureur general, eftre par ladite Cour
ordonné ce que de raifon. Arreft du Confeil du
troifiéme Mars mil fix cens trente-huit, par lequel, fans s'arrefter à l'Arreft de ladite Cour
dudit iour vingt-quatriéme Nouembre, ny aux
caufes motiues d'iceluy, & fans attendre fur ce
aucun aduis, ny responfe defdits Preuoft des
Marchands & Efcheuins de ladite Ville de Paris, aufquels fadite Maiefté enioint de remettre
és mains dudit Procureur general lefdites Lettres de Declaration qui leur ont efté commu-

quées, & qu'ils ont retenuës pendãt cinq mois,
sans que iusques à present ils ayent satisfait audit Arrest ; Auroit esté ordonné qu'il seroit
procedé par ladite Cour à l'enregistrement pur
& simple desdites Lettres de Declaration,
nonobstant toutes oppositions faites ou à faire,
desquelles sadite Maiesté se seroit d'abondant
reserué la cognoissance, à soy & à sondit Cõseil:
& à cét effet, que toutes Lettres de Iussion ne-
cessaires seroient expediées: Enioignant audit
Procureur general d'en faire les poursuites ne-
cessaires, & en certifier le Conseil dans huitaine : Lettres de Iussion sur ledit Arrest du vingt-
quatriéme iour d'Auril ensuiuant ; par lesquelles est mandé à ladite Cour de proceder à l'enregistrement pur & simple desdites Lettres,
nonobstant iceluy Arrest, les causes motiues
d'iceluy, & sans attendre sur ce aucun aduis ny
responce desdits Preuost des Marchands & Escheuins, ainsi qu'il est plus au long porté par
lesdites Lettres à ladite Cour addressantes. Autres actes d'oppositions formées à ladite verification les vingt-vn Nouembre, quinziéme De-
cembre mil six cens trente sept, & vingt-sept
Ianuier mil six cens trente-huit, par les Iurez
de la Marchandise de Foing : Les Maistres &
Gardes de la Communauté des Marchands de
Vins, & la Communauté des Maistres Tonneliers & Deschargeurs de Vins de Paris : Con-
clusiõs dudit Procureur general du Roy, lequel
pour ce mandé à la Chambre, a declaré que ledit Preuost des Marchands de la Ville de Paris,

auoit eu en ſes mains pendant cinq mois &
plus ladite Declaration, pour y dire ce qu'il ad-
uiſeroit bon eſtre ; Et tout conſideré, L A
C O V R a ordonné & ordonne, que leſdites
Lettres en forme de Declaration & de Iuſſion,
ſeront verifiées & enregiſtrées au Greffe d'icelle, pour eſtre executées ſelon leur forme & teneur ; à la charge que les Meſureurs de charbon prendront les douze deniers ſur chacun
minot dudit charbon, a eux attribué par ladite
Declaration, ſur le charbon qui par cy-deuant
payoit les huit deniers, auec defences de prendre aucune choſe ſur le charbon, qui ne payoit
leſdits huit deniers auparauant ladite Declaration, & que les Porteurs de charbon ne prendront que dix deniers pour chacun minot dudit charbon de bois qu'ils porteront des bateaux iuſques au bord de terre. Que les Courtiers de Vins prendront cinq ſols pour chacun
muid de vin & autres vaiſſeaux, à l'équipolent
ſeulement, & ſans qu'ils puiſſent prendre aucune choſe pour le vin & autres liqueurs gaſtez :
& ſur l'oppoſition des Chargeurs de bois au
port de l'Eſcolle, A ordonné & ordonne que
les parties conteſteront pardeuant le Rappor-
teur du preſent Arreſt, pour eux ouys leur eſtre
fait droict ainſi que de raiſon. Ordonne ladite
Cour que Pancartes ſeront faites, miſes & affi-
chées deuant la grande porte de l'Hoſtel de Ville de Paris, Ports & Eſtapes d'icelle, dans leſquelles les droicts reglez par la preſente Declaration ſeront miſes & inſerées ; auec defenſes

ses ausdits Iurez Mousleurs, Compteurs, Cordeurs, Chargeurs de bois, Mesureurs, Porteurs
de charbon, Courtiers de vins, Vendeurs, Pri-
seurs & Controlleurs de Foing, d'en exiger &
prendre de plus grands, sur peine de punition
exemplaire : Et que les differends qui interuié-
dront en consequence de ladire Declaration, seront traictez & decidez pardeuät les Iuges qu
ont accoûtumé d'en cognoistre en premiere in
stance, & par appel en la Cour. Prononcé le
huitiéme iour de Iuillet mil six cens trente-
huit. Ainsi signé, BOVCHER. Et collationné.

Registré au Greffe de la Ville, ouy & ce con-
sentant le Procureur du Roy & d'icelle, pour estre
executées selon leur forme & teneur, aux charges
contenües en l'acte de ce iourd'huy deuxiéme iour
de Mars mil six cens trente-neuf.
Signé,   LE MAIRE.

Extraict des Regiſtres du Conseil d'Eſtat.

SVR ce qui a esté remonstré au Roy
en son Conseil, que par ses Lettres
de Declaration du mois d'Aoust mil
six cens trente-sept, regiſtrées en la Cour des
Aydes de Paris le huitiéme Iuillet mil six cens
trente-huit : Pour les considerations y contenuës, sa Majesté auroit reuoqué la Commissió
cy-deuant expediée pour la recherche des de-

niers induëment pris & perceus par diuers Officiers de police de la Ville de Paris, outre &
par deſſus les droicts, émolumens & ſalaires à
eux attribuez, iceux deſchargez de toutes reſtitutions auſquelles ils pourroient eſtre tenus
pour ce regard, reglé & augmenté les droicts
des Iurez Mouſleurs, Compteurs, Cordeurs, &
Viſiteurs de bois, Iurez Chargeurs de bois en
charettes, des Iurez Meſureurs & Porteurs de
charbon de bois & de terre, Iurez Courtiers de
Vins, & Iurez Vendeurs & Controlleurs de la
marchãdiſe de Foing, pour eſtre leſdits droicts
perceus à l'aduenir à vn pied certain, ainſi qu'il
eſt contenu par leſdites Lettres de Declaratiõ:
leſquelles ayans eſté miſes dés le mois d'Aouſt
dernier entre les mains des Preuoſt des Marchands & Eſcheuins de ladite Ville de Paris,
pour les faire regiſtrer en l'Hoſtel de ladite Ville de Paris, ſelon & ainſi qu'il leur eſt enjoint
& mandé; Ils auroient au lieu de ce faire reſolu
d'aſſembler le Conſeil de Ville pour en delibe-
rer: Au ſujet dequoy leſdits Preuoſt des Marchands & Eſcheuins ayãs eſté mandez, & ouys à
pluſieurs fois audit Conſeil, il ne reſte plus aucun pretexte auſdits Preuoſt des Marchands &
Eſcheuins de differer plus longuement l'enregiſtrement deſdites Lettres de Declaration, de
l'execution deſquelles ſa Majeſté a fait eſtat de
retirer vne bonne ſomme de deniers pour ſub-
uenir aux frais de la guerre. VEV leſdites Lettres de Declaration du mois d'Aouſt mil ſix cés
trente-ſept, regiſtrées en ladite Cour des Aydes

à Paris, le huitiéme Iuillet mil fix cens trente-
huit, & Arrefts dudit Confeil interuenus pour
l'execution d'icelle: Tout confideré; LE ROY
EN SON CONSEIL, a ordonné, qu'il
fera procedé par lefdits Preuoft des Marchands
& Efcheuins de ladite Ville de Paris, inceffam-
ment & fans plus differer, à l'éregiftrement defdites Lettres de Declaration du mois d'Aouft
mil fix cens tréte fept, fans pour ce faire affem-
bler le le Confeil de ladite Ville: Ce que fa Majefté deffend tres-expreffément aufdits Preuoft
des Marchands & Efcheuins, aufquels elle enioint de tenir la main à l'executió defdites Lettres de Declaration, & faire iouïr lefdits Officiers de Police y defnommez, des droicts &
émolumens y mentionnez, fors & excepté lefdits Iurez Porteurs de charbons, les droicts &
émolumens defquels fa Majefté s'eft referuée
de regler, felon & ainfi qu'elle verra bon eftre,
à peine de demeurer refponfables en leurs pro-
pres & prinez noms des deniers qui doiuent
prouenir de l'execution defdites Lettres de Declaration: Et fera le prefent Arreft executé,
nonobftant oppofitions ou appellations quelconques, dont fi aucunes interuiennent, fadite
Maiefté s'en eft referuée la cognoiffance en
fondit Confeil, & a icelle interdite & deffen-
duë à toutes fes autres Cours & Iuges, Fait au
Confeil d'eftat du Roy, tenu à Paris le dix-
neufiéme iour de Ianuier mil fix cens trente-
neuf. Signé, BORDIER.

D ij

OVYS par la grace de Dieu, Roy de France & de Nauarre; Aux Preuoſt des Marchands & Eſcheuins de noſtre bonne Ville de Paris: Salut. Suiuant l'Arreſt, dont l'extraiet eſt cy attaché ſous le contre-ſcel de noſtre Chancellerie, ce iourd'huy donné en noſtre Conſeil d'Eſtat; Nous vous mandons & ordonnons de proceder inceſſamment, & ſans plus differer, à l'enregiſtrement de nos Lettres de Declaration du mois d'Aouſt mil ſix cens trente-ſept, pour raiſon des nouueaux droicts attribuez aux Iurez Mouſleurs, Compteurs, Cordeurs, & Viſiteurs de bois, Iurez Chargeurs de bois en charettes, des Iurez Meſureurs & Porteurs de charbon de bois & de terre, Iurez Courtiers de vins, Iurez Vendeurs & Controlleurs de Foing, ſans aſſembler le Conſeil de ladite Ville; Ce que nous vous deffendons tres-expreſſément, ains vous enioignons de tenir la main à l'execution deſdites Lettres, & faire iouïr les Officiers de Police y deſnommez, des droicts & émolumens y mentionnez, fors & excepté leſdits Iurez Porteurs de charbons, les droicts & émolumens deſquels nous nous reſeruons de regler, ſelon & ainſi que nous verrons bon eſtre, ſur les peines declarées audit Arreſt, nonobſtant oppoſitions ou appellations quelconques, dont ſi aucunes interuiennent, nous nous en reſeruons la cognoiſſance n noſtredit Conſeil, & l'interdiſons à toutes

nos Cours, & autres Iuges : Et outre, com-
mandons au premier noftre Huiffier ou Sergét
fur ce requis, de fignifier ledit Arreft à tous qu'il
appartiendra, à ce qu'ils n'en pretendent caufe
d'ignorance, & faite pour l'execution d'icel uy,
tous cómandemens, fommations, deffences, &
autres actes & exploicts neceffaires, fans demã-
der autre permiffion ; Car tel eft noftre plaifir.
Dóné à Paris le dix-neufiéme iour de Iãuier mil
fix cens trente-neuf. Et de noftre regne le vingt
neufiéme. Signé, Par le Roy en fon Confeil,
B'O'R D I E R. Et fcellé du grand fceau de
cire jaune ; Et attache auec ledit Arreft fous le
contre-fcel.

*Regiftré au Greffe de la Ville, ouy & ce confen-
tant le Procureur du Roy & d'icelle, pour eftre executées felon leur forme & teneur, aux charges contenües en l'acte de ce iourd'huy deuxiéme iour de
Mars mil fix cens trête-neuf. Signé,* LE MAIRE.

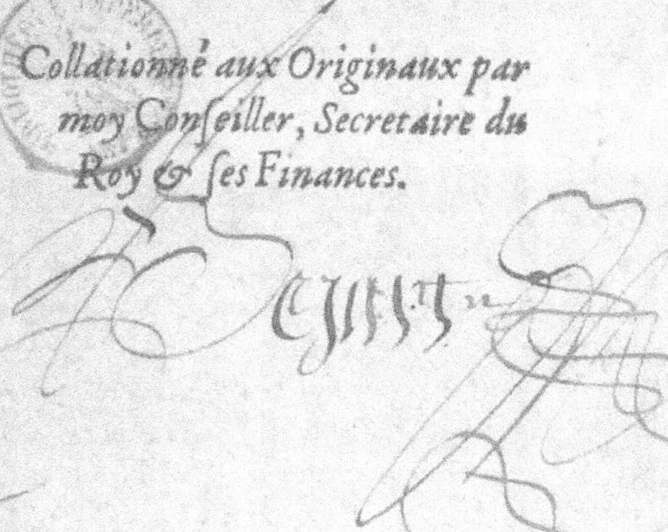